Oxford

I Can Spell

Spelling made easy with Phonics

Series created by **Roderick Hunt** and **Alex Brychta**
Phonics consultant: Debbie Hepplewhite

OXFORD

Welcome to Oxford I Can Spell!

Oxford I Can Spell is a teaching and learning resource to help your child to read and spell using phonics. The words are ordered using the sounds we can identify in the words that we want to spell. It reflects today's *systematic synthetic phonics* approach to teaching reading and spelling.

Oxford I Can Spell is divided into sections

The **first section** focuses mainly on the *initial (first) sounds* identified in words. These are the *consonant sounds* and the five *short vowel sounds* introduced in early phonics teaching. The sounds are indicated by letters shown in slash marks. The alternative spellings are then shown beneath these sounds.

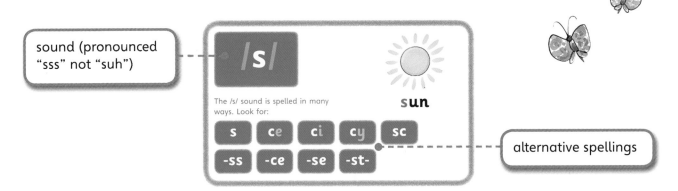

sound (pronounced "sss" not "suh")

/s/

sun

The /s/ sound is spelled in many ways. Look for:

| s | ce | ci | cy | sc |
| -ss | -ce | -se | -st- | |

alternative spellings

The tabs running down the side of each page reflect an order of introducing the sounds within leading-edge systematic phonics programmes. You can look up words according to their initial sounds using this section.

Spelling alternatives that appear in the middle or at the end of words are given in special word lists. This really helps children to understand and recognise words that are spelled with more unusual, or rare, spelling alternatives.

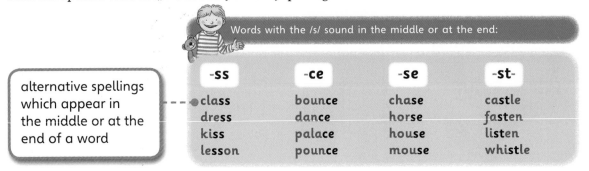

alternative spellings which appear in the middle or at the end of a word

Words with the /s/ sound in the middle or at the end:

-ss	-ce	-se	-st-
class	bounce	chase	castle
dress	dance	horse	fasten
kiss	palace	house	listen
lesson	pounce	mouse	whistle

The **second section** consists of the *long vowel sounds*. Vowel sounds are often (but not always) the middle or end sounds of words. The spelling alternatives for the long vowel sounds are given along with examples. This will reinforce knowledge and understanding of the *alphabetic code* and help children to be vigilant about which words are spelled which way.

What is the alphabetic code?

Understanding the complexity of the English alphabetic code:

1 One sound can be represented by one, two, three or four letters, for example:
/d/ as in **d**-o-g, /sh/ as in **sh**-i-p, /igh/ as in kn-**igh**-t, /oa/ as in d-**ough**

2 One sound can be represented by different spellings, for example:
long /oo/ sound can be sp**oo**n, cr**ew**, m**o**ve, s**ou**p, gl**ue**, fl**u**te, fr**ui**t, s**u**per

3 One letter group can be code for alternative sounds, for example:
the letter group 'ea' has three different pronunciations: /ee/ as in **ea**t, /e/ as in br**ea**d, /ai/ as in br**ea**k

What do the slash marks mean?

Letters written like this /k/ refer to a sound, not a spelling. e.g. /k/ as in **c**at, **k**ey, and du**ck**.

What do the dashes mean?

Letter groups that are never at the beginning of a word are shown in the dictionary with a dash, e.g. –ck.

What do the grey letters mean?

The grey letters alert the reader to various pronunciations, e.g. in words like **c**entre and **c**elebrate, the letter 'e' following 'c' (**ce**) alerts the reader to pronounce 'c' as /s/. This 'alert' letter is not part of the initial sound /s/ and so should still be pronounced.

cel**ebr**ate celebrates, celebrating

What about different accents?

People pronounce words differently in different regions and countries.

Oxford I Can Spell will be relevant to all regional and personal differences as you will give your own pronunciations to the different letter groups.

Contents

Initial sounds

Common and tricky words

/s/
/a/
/t/
/p/
/i/
/n/
/m/
/d/
/g/
/o/
/k/
/e/
/u/
/r/
/h/
/b/
/f/
/l/
/j/
/v/
/w/
/ks/
/y/
/z/
/kw/
/ch/
/sh/
/th/

/s/

The /s/ sound is spelled in many ways. Look for:

s	ce	ci	cy	sc

-ss	-ce	-se	-st-

sun

s

sack sacks

sad sadder, saddest

safe safer, safest

sail sails, sailing, sailed

salad salads

same

sand

sandal sandals

sandwich sandwiches

save saves, saving, saved

say says, saying, said

seal seals

seaside

seat seats

second

secret secrets

seed seeds

sell sells, selling, sold

send sends, sending, sent

sensible sensibly

set sets, setting, set

sick sicker, sickest

side sides

sign signs, signing, signed

silent silently

silly sillier, silliest

silver

sing sings, singing, sang, sung

sink sinks, sinking, sank, sunk

sister sisters

sit sits, sitting, sat

size sizes

skate skates

skeleton skeletons

skin skins

skirt skirts

sleep sleeps, sleeping, slept

sleeve sleeves

slice slices

slide slides, sliding, slid

slip slips, slipping, slipped

slipper slippers

slope slopes

slow slower, slowest

small smaller, smallest

smash smashes, smashing, smashed

smell smells, smelling, smelt

smoke

smooth smoother, smoothest

snake snakes

sneeze sneezes, sneezing, sneezed

snowman snowmen

soap soaps

sock socks

sofa sofas

soft softer, softest

soldier soldiers

solid

some

son sons

/s/ /a/ /t/ /p/ /i/ /n/ /m/ /d/ /g/ /o/ /k/ /e/ /u/ /r/ /h/ /b/ /f/ /l/ /j/ /v/ /w/ /ks/ /y/ /z/ /kw/ /ch/ /sh/ /th/

/s/
/a/
/t/
/p/
/i/
/n/
/m/
/d/
/g/
/o/
/k/
/e/
/u/
/r/
/h/
/b/
/f/
/l/
/j/
/v/
/w/
/ks/
/y/
/z/
/kw/
/ch/
/sh/
/th/

song songs

soon

sorry

sort sorts, sorting, sorted

sound sounds

spaceship spaceships

spade spades

special specially

speed speeds

spell spells, spelling, spelt, spelled

spend spends, spending, spent

spider spiders

spill spills, spilling, spilt, spilled

spin spins, spinning, spun

splash splashes, splashing, splashed

spot spots

spout spouts

spring springs

squirrel squirrels

stable stables

stamp stamps

stand stands, standing, stood

start starts, starting, started

station stations

steady steadier, steadiest

steal steals, stealing, stole, stolen

steam

steel

steep steeper, steepest

stem stems

step steps

stick sticks, sticking, stuck

stiff stiffer, stiffest

still

sting stings, stinging, stung

stir stirs, stirring, stirred

stomach stomachs

stone stones

stop stops, stopping, stopped

storm storms

story stories

straight straighter, straightest

strange stranger, strangest

stream streams

street streets

stretch stretches, stretching, stretched

strict stricter, strictest

string strings

stripe stripes

strong stronger, strongest

suck sucks, sucking, sucked

sum sums

summer summers

sun

supermarket supermarkets

surprise surprises

swallow swallows, swallowing, swallowed

swan swans

sweep sweeps, sweeping, swept

sweet sweeter, sweetest

swim swims, swimming, swam, swum

swing swings

switch switches

ce

celebrate celebrates, celebrating

celery

centimetre centimetres

centipede centipedes

central

centre centres

/s/
/a/
/t/
/p/
/i/
/n/
/m/
/d/
/g/
/o/
/k/
/e/
/u/
/r/
/h/
/b/
/f/
/l/
/j/
/v/
/w/
/ks/
/y/
/z/
/kw/
/ch/
/sh/
/th/

century centuries

cereal cereals

Cyclops

cylinder cylinders

ci

Cinderella

cinema

circle circles

circus circuses

city cities

cy

cycle cycles

sc

scene scenes

science sciences

scientist scientists

scissors

Words with the /s/ sound in the middle or at the end:

-ss	-ce	-se	-st-
class	bounce	chase	castle
dress	dance	horse	fasten
kiss	palace	house	listen
lesson	pounce	mouse	whistle

10

/a/

The /a/ sound is spelled:

a

apple

a

absent

accident accidents

acrobat acrobats, acrobatics

act acts, acting, acted

add adds, adding, added

address addresses

adjective adjectives

adore adores, adored

adult adults

adventure adventures

afraid

agree agrees, agreeing, agreed

alive

allergy allergies

alligator alligators

allow allows, allowing, allowed

alone

an

anchor anchors

and

angle angles

angry angrier, angriest

/s/
/a/
/t/
/p/
/i/
/n/
/m/
/d/
/g/
/o/
/k/
/e/
/u/
/r/
/h/
/b/
/f/
/l/
/j/
/v/
/w/
/ks/
/y/
/z/
/kw/
/ch/
/sh/
/th/

/s/
/a/
/t/
/p/
/i/
/n/
/m/
/d/
/g/
/o/
/k/
/e/
/u/
/r/
/h/
/b/
/f/
/l/
/j/
/v/
/w/
/ks/
/y/
/z/
/kw/
/ch/
/sh/
/th/

animal animals

ankle ankles

annoy annoys, annoying, annoyed

ant ants

anticipate anticipates, anticipating, anticipated

appear appears, appearing, appeared

apple apples

arrive arrives, arriving, arrived

arrow arrows

as

asleep

astronaut astronauts

at

attack attacks, attacking, attacked

attention

attic attics

attitude attitudes

awake

12

/s/
/a/
/t/
/p/
/i/
/n/
/m/
/d/
/g/
/o/
/k/
/e/
/u/
/r/
/h/
/b/
/f/
/l/
/j/
/v/
/w/
/ks/
/y/
/z/
/kw/
/ch/
/sh/
/th/

/t/

The /t/ sound is spelled in different ways. Look for:

t   **-tt**   **-ed**

teddy

t

table tables

tadpole tadpoles

tail tails

take takes, taking, took, taken

talk talks, talking, talked

tall taller, tallest

tame tamer, tamest

tap taps

tape tapes

task tasks

taste tastes, tasting, tasted

tea teas

teacher teachers

team teams

tear tears, tearing, tore, torn

telephone telephones

television televisions

tell tells, telling, told

tennis

tent tents

13

/s/
/a/
/t/
/p/
/i/
/n/
/m/
/d/
/g/
/o/
/k/
/e/
/u/
/r/
/h/
/b/
/f/
/l/
/j/
/v/
/w/
/ks/
/y/
/z/
/kw/
/ch/
/sh/
/th/

term terms

terrible

terrific terrifically

test tests

tidy tidier, tidiest

tie ties, tying, tied

tiger tigers

tight tighter, tightest

time

tin tins

tiny tinier, tiniest

tired

today

toe toes

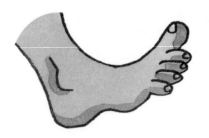

tomorrow

tongue tongues

tonight

tool tools

tooth teeth

top tops

tornado tornados

touch touches, touching, touched

towel towels

town towns

toy toys

tractor tractors

traffic

train trains

transform transforms,
transforming, transformed

transport transports,
transporting, transported

travel travels, travelling,
travelled

tremble trembles, trembling,
trembled

triangle triangles

trick tricks

tropical

trouble troublesome

trousers

truck trucks

trunk trunks

try tries, trying, tried

tube tubes

tunnel tunnels

turn turns, turning, turned

tusk tusks

twin twins

twist twists, twisting, twisted

tyre tyres

Words with the /t/ sound in the middle or at the end:

-tt	**-ed**	
bottle	dropped	Note the 'ed' endings for these verbs.
butter	kicked	
letter	jumped	
little	stopped	

/s/
/a/
/t/
/p/
/i/
/n/
/m/
/d/
/g/
/o/
/k/
/e/
/u/
/r/
/h/
/b/
/f/
/l/
/j/
/v/
/w/
/ks/
/y/
/z/
/kw/
/ch/
/sh/
/th/

/s/
/a/
/t/
/p/
/i/
/n/
/m/
/d/
/g/
/o/
/k/
/e/
/u/
/r/
/h/
/b/
/f/
/l/
/j/
/v/
/w/
/ks/
/y/
/z/
/kw/
/ch/
/sh/
/th/

/p/

The /p/ sound is spelled in different ways. Look for:

p   **-pp**

pan

p

paddle paddles, paddling, paddled

page pages

pain pains

paint paints, painting, painted

palace palaces

pale paler, palest

pantomime pantomimes

paper papers

parachute parachutes

parcel parcels

parent parents

park parks

parrot parrots

part parts

party parties

pass passes, passing, passed

passenger passengers

past

pasta

paste pastes, pasting, pasted

16

path paths

patient patients

pattern patterns

paw paws

pay pays, paying, paid

pebble pebbles

pedal pedals

peel peels, peeling, peeled

pen pens

pencil pencils

penguin penguins

people

pepper

person people

pet pets

petal petals

piano pianos

pick picks, picking, picked

picnic picnics

picture pictures

piece pieces

pig pigs

pile piles

pill pills

pillow pillows

pilot pilots

pin pins

pipe pipes

pirate pirates

pizza pizzas

plan plans, planning, planned

plane planes

planet planets

plant plants

plaster plasters

plastic

/s/
/a/
/t/
/p/
/i/
/n/
/m/
/d/
/g/
/o/
/k/
/e/
/u/
/r/
/h/
/b/
/f/
/l/
/j/
/v/
/w/
/ks/
/y/
/z/
/kw/
/ch/
/sh/
/th/

/s/
/a/
/t/
/p/
/i/
/n/
/m/
/d/
/g/
/o/
/k/
/e/
/u/
/r/
/h/
/b/
/f/
/l/
/j/
/v/
/w/
/ks/
/y/
/z/
/kw/
/ch/
/sh/
/th/

plate plates

play plays, playing, played

playground playgrounds

please pleases, pleasing, pleased

plenty

pocket pockets

poem poems

point points, pointing, pointed

pole poles

police

polite politer, politest

pond ponds

pony ponies

poor poorer, poorest

possible

post posts, posting, posted

poster posters

postman postmen

pour pours, pouring, poured

powder powders

practise practises, practising, practised

present presents

press presses, pressing, pressed

pretend pretends, pretending, pretended

pretty prettier, prettiest

price prices

prince princes

princess princesses

prison prisons

prize prizes

probable

problem problems

programme programmes

project projects

promise promises, promising, promised

protect protects, protecting, protected

protest protests, protesting, protested

proud prouder, proudest

pudding puddings

puddle puddles

pull pulls, pulling, pulled

pupil pupils

puppet puppet

puppy puppies

pure purer, purest

purse purses

push pushes, pushing, pushed

put puts, putting, put

puzzle puzzles

pyjamas

Words with the /p/ sound in the middle or at the end:

-pp

apple
happy
opposite
puppet

puppy
slipper
supper
suppose

'pp' is never used at the end of words.

/s/
/a/
/t/
/p/
/i/
/n/
/m/
/d/
/g/
/o/
/k/
/e/
/u/
/r/
/h/
/b/
/f/
/l/
/j/
/v/
/w/
/ks/
/y/
/z/
/kw/
/ch/
/sh/
/th/

/i/

The /i/ sound is spelled in different ways. Look for:

i **-y**

insect

i

if
ill
immediate immediately
important
impossible
in
information

ink
insect insects
instructions
instrument instruments
interesting
into
invent invents, inventing, invented
invisible
invite invites, inviting, invited

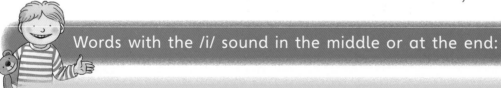

Words with the /i/ sound in the middle or at the end:

-y

crystal   mystery   pyramid   symbol
gym   physical   rhythm   system

/n/

The /n/ sound is spelled in different ways. Look for:

n **kn** **gn** **-nn**

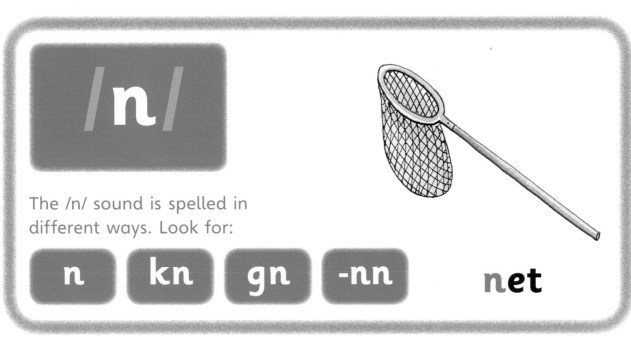

net

n

nail nails

narrow narrower, narrowest

nasty nastier, nastiest

nature

near nearer, nearest

neat neater, neatest

neck necks

necklace necklaces

need needs, needing, needed

neighbour neighbours

nephew nephews

nervous

nest nests

net nets

new newer, newest

news

next

nice nicer, nicest

niece nieces

nightdress nightdresses

nightmare nightmares

nod nods, nodding, nodded

noise noises

/s/
/a/
/t/
/p/
/i/
/n/
/m/
/d/
/g/
/o/
/k/
/e/
/u/
/r/
/h/
/b/
/f/
/l/
/j/
/v/
/w/
/ks/
/y/
/z/
/kw/
/ch/
/sh/
/th/

/s/
/a/
/t/
/p/
/i/
/n/
/m/
/d/
/g/
/o/
/k/
/e/
/u/
/r/
/h/
/b/
/f/
/l/
/j/
/v/
/w/
/ks/
/y/
/z/
/kw/
/ch/
/sh/
/th/

noisy noisier, noisiest

noon

not

note notes

notice notices, noticing, noticed

now

number numbers

nut nuts

kn

knee knees

kneel kneels, kneeling, knelt

knife knives

knight knights

knock knocks, knocking, knocked

knot knots

know knows, knowing, knew, known

knowledge

knuckle knuckles

gn

gnat gnats

gnaw gnaws, gnawing, gnawed

gnome gnomes

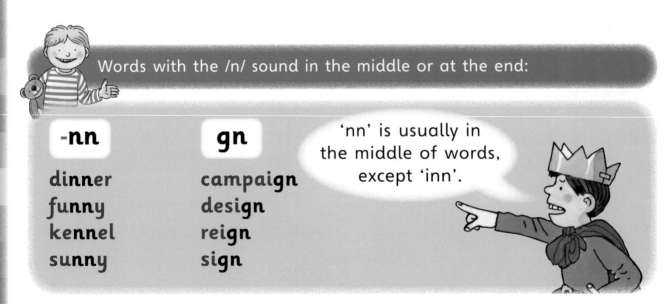

Words with the /n/ sound in the middle or at the end:

-nn	gn
dinner	campaign
funny	design
kennel	reign
sunny	sign

'nn' is usually in the middle of words, except 'inn'.

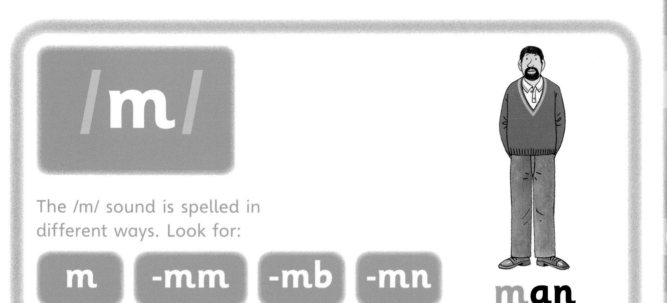

/m/

The /m/ sound is spelled in different ways. Look for:

m **-mm** **-mb** **-mn**

man

/s/
/a/
/t/
/p/
/i/
/n/
/m/
/a/
/g/
/o/
/k/
/e/
/u/
/r/
/h/
/b/
/f/
/l/
/j/
/v/
/w/
/ks/
/y/
/z/
/kw/
/ch/
/sh/
/th/

m

machine machines

magazine magazines

magic

magnet magnets

main

make makes, making, made

man men

many

map maps

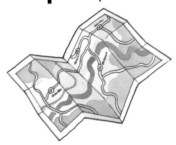

mark marks

marry marries, marrying, married

mask masks

mat mats

match matches, matching, matched

material materials

matter matters, mattering, mattered

meal meals

/s/
/a/
/t/
/p/
/i/
/n/
/m/
/d/
/g/
/o/
/k/
/e/
/u/
/r/
/h/
/b/
/f/
/l/
/j/
/v/
/w/
/ks/
/y/
/z/
/kw/
/ch/
/sh/
/th/

mean means, meaning, meant

measure measures, measuring, measured

meat

medicine medicines

meet meets, meeting, met

melt melts, melting, melted

mend mends, mending, mended

mess

message messages

messy messier, messiest

metal metals

midday

middle

midnight

milk

mind minds, minding, minded

mirror mirrors

miss misses, missing, missed

mistake mistakes

mix mixes, mixing, mixed

mixture mixtures

model models

mole moles

moment moments

money

monkey monkeys

monster monsters

month months

moon moons

morning mornings

moth moths

mother mothers

motorbike motorbikes

motorway motorways

mountain mountains

mouse mice

mouth mouths

move moves, moving, moved

Mr

Mrs

mud

mug mugs

mum mums

muscle muscles

museum museums

mushroom mushrooms

music

Words with the /m/ sound in the middle or at the end:

-mm	-mb	-mn
hammer	climb	autumn
mammoth	comb	column
summer	crumb	condemn
yummy	lamb	solemn

/s/ /a/ /t/ /p/ /i/ /n/ /m/ /d/ /g/ /o/ /k/ /e/ /u/ /r/ /h/ /b/ /f/ /l/ /j/ /v/ /w/ /ks/ /y/ /z/ /kw/ /ch/ /sh/ /th/

/s/
/a/
/t/
/p/
/i/
/n/
/m/
/d/
/g/
/o/
/k/
/e/
/u/
/r/
/h/
/b/
/f/
/l/
/j/
/v/
/w/
/ks/
/y/
/z/
/kw/
/ch/
/sh/
/th/

/d/

The /d/ sound is spelled in different ways. Look for:

d **-dd** **-ed**

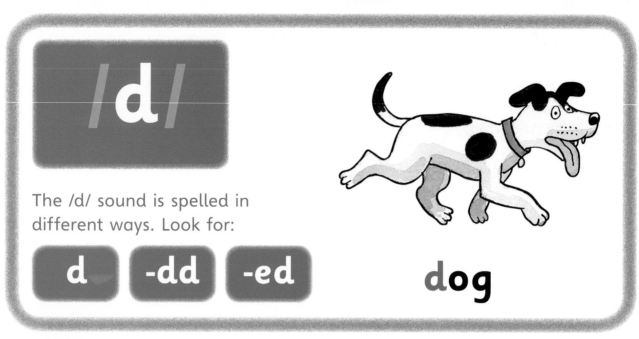

dog

d

dad dads

damp damper, dampest

dance dances, dancing, danced

danger dangers

dangerous

dark darker, darkest

date dates

day days

deep deeper, deepest

delicious

dentist dentists

desert deserts

desk desks

dessert desserts

destroy destroys, destroying, destroyed

diamond diamonds

diary diaries

dictionary dictionaries

different

difficult

dig digs, digging, dug

dinosaur dinosaurs

direction directions

dirt

dirty dirtier, dirtiest

disappear disappears, disappearing, disappeared

discover discovers, discovering, discovered

disguise disguises

dish dishes

dive dives, diving, dived

divide divides, dividing, divided

do does, doing, did, done

doctor doctors

dog dogs

doll dolls

dolphin dolphins

don't

dragon dragons

draw draws, drawing, drew, drawn

drawer drawers

dress dresses, dressing, dressed

drink drinks, drinking, drank, drunk

drip drips, dripping, dripped

drop drops, dropping, dropped

drum drums

duck ducks

dust

Words with the /d/ sound in the middle or at the end:

-dd

add
cuddle
odd
puddle

-ed

played
rained
stayed

'dd' is usually in the middle of words, except 'odd' and 'add'.

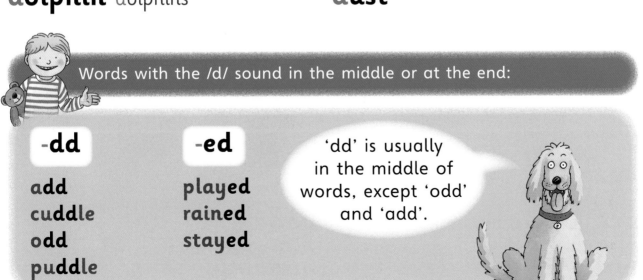

/s/
/a/
/t/
/p/
/i/
/n/
/m/
/d/
/g/
/o/
/k/
/e/
/u/
/r/
/h/
/b/
/f/
/l/
/j/
/v/
/w/
/ks/
/y/
/z/
/kw/
/ch/
/sh/
/th/

/g/

The /g/ sound is spelled in different ways. Look for:

g   gh   gu   -gg   -gue

gate

g

game games

gap gaps

garage garages

garden gardens

gas gases

gate gates

gaze gazes, gazing, gazed

get gets, getting, got

girl girls

give gives, giving, gave, given

glass glasses

glove gloves

glue

go goes, going, went, gone

goal goals

goat goats

gold

goldfish goldfish

good

goodbye

goose geese

grandfather grandfathers

grandmother grandmothers

grass

great greater, greatest

greedy greedier, greediest

ground

group groups

grow grows, growing, grew, grown

gh

ghastly

gherkin gherkins

ghost ghosts

gu

guard guards, guarding, guarded

guess guesses, guessing, guessed

guest guests

guide guides, guiding, guided

guilty

guitar guitars

Words with the /g/ sound in the middle or at the end:

-gg	-gue
egg	catalogue
giggle	dialogue
juggle	intrigue
wiggle	monologue

'gg' is usually in the middle of words, except 'egg'.

/s/
/a/
/t/
/p/
/i/
/n/
/m/
/d/
/g/
/o/
/k/
/e/
/u/
/r/
/h/
/b/
/f/
/l/
/j/
/v/
/w/
/ks/
/y/
/z/
/kw/
/ch/
/sh/
/th/

/s/
/a/
/t/
/p/
/i/
/n/
/m/
/d/
/g/
/o/
/k/
/e/
/u/
/r/
/h/
/b/
/f/
/l/
/j/
/v/
/w/
/ks/
/y/
/z/
/kw/
/ch/
/sh/
/th/

/o/

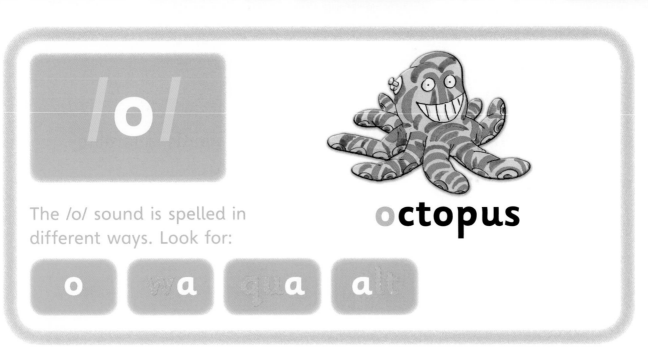

The /o/ sound is spelled in different ways. Look for:

| o | wa | qua | alt |

octopus

o

object objects

obtuse

octopus octopuses

odd odder, oddest

of

off

offer offers, offering, offered

on

opposite opposites

orange oranges

Words with the /o/ sound in the middle or at the end:

wa	**qua**	**alt**
swan	quad	alternative
want	quality	halt
wash	quarrel	salt
watch	squash	

/k/

key

The /k/ sound is spelled in different ways. Look for:

k **c** **ch** **qu** **que** **-ck**

k

kangaroo kangaroos

keep keeps, keeping, kept

kettle kettles

key keys

kick kicks, kicking, kicked

kill kills, killing, killed

kind kinder, kindest

king kings

kiss kisses, kissing, kissed

kitchen kitchens

kite kites

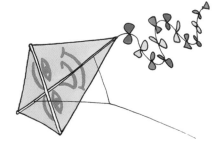

kitten kittens

c

cage cages

calculator calculators

calendar calendars

call calls, calling, called

camera cameras

camp camps, camping, camped

/s/ /a/ /t/ /p/ /i/ /n/ /m/ /d/ /g/ /o/ /k/ /e/ /u/ /r/ /h/ /b/ /f/ /l/ /j/ /v/ /w/ /ks/ /y/ /z/ /kw/ /ch/ /sh/ /th/

/s/
/a/
/t/
/p/
/i/
/n/
/m/
/d/
/g/
/o/
/k/
/e/
/u/
/r/
/h/
/b/
/f/
/l/
/j/
/v/
/w/
/ks/
/y/
/z/
/kw/
/ch/
/sh/
/th/

can cans

candle candles

card cards

cardboard

careful carefully

carpet carpets

carry carries, carrying, carried

cartoon cartoons

castle castles

cat cats

catch catches, catching, caught

caterpillar caterpillars

cave caves

clap claps, clapping, clapped

class classes

clean cleans, cleaning, cleaned

clear clears, clearing, cleared

clever cleverer, cleverest

cliff cliffs

climb climbs, climbing, climbed

clock clocks

close closer, closest

close closes, closing, closed

cloth cloths

clothes

cloud clouds

clown clowns

coat coats

coin coins

cold colder, coldest

collar collars

colour colours

come comes, coming, came

comfortable

comic comics

computer computers

connect connects, connecting, connected

control controls, controlling, controlled

cooker cookers

cool cooler, coolest

copy copies, copying, copied

corner corners

cost costs, costing, cost

cough coughs, coughing, coughed

count counts, counting, counted

country countries

cousin cousins

cover covers, covering, covered

cow cows

crack cracks

cracker crackers

crane cranes

crash crashes, crashing, crashed

crawl crawls, crawling, crawled

cream

creature creatures

creep creeps, creeping, crept

crocodile crocodiles

cross crosses, crossing, crossed

crowd crowds

crown crowns

crust crusts

cuddle cuddles, cuddling, cuddled

cup cups

cupboard cupboards

curl curls

curtain curtains

curved

cut cuts, cutting, cut

/s/
/a/
/t/
/p/
/i/
/n/
/m/
/d/
/g/
/o/
/k/
/e/
/u/
/r/
/h/
/b/
/f/
/l/
/j/
/v/
/w/
/ks/
/y/
/z/
/kw/
/ch/
/sh/
/th/

/s/
/a/
/t/
/p/
/i/
/n/
/m/
/d/
/g/
/o/
/k/
/e/
/u/
/r/
/h/
/b/
/f/
/l/
/j/
/v/
/w/
/ks/
/y/
/z/
/kw/
/ch/
/sh/
/th/

ch

chameleon chameleons

chaos

character characters

chemistry

choir choirs

chorus

chronic

chrysalis

qu

quiche

que

queue queues

Words with the /k/ sound in the middle or at the end:

ch	qu	que	-ck
anchor	mosquito	antique	back
echo		plaque	bucket
orchestra		technique	chicken
stomach			duck

The /e/ sound is spelled in different ways. Look for:

e **-ea**

egg

e

edge edges

effort efforts

egg eggs

elastic

elbow elbows

electricity

elephant elephants

empty emptier, emptiest

end ends, ending, ended

enemy enemies

energy

engine engines

enjoy enjoys, enjoying, enjoyed

enter enters, entering, entered

entertainment entertainments

entrance entrances

envelope envelopes

environment environments

escape escapes, escaping, escaped

/s/ /a/ /t/ /p/ /i/ /n/ /m/ /d/ /g/ /o/ /k/ /e/ /u/ /r/ /h/ /b/ /f/ /l/ /j/ /v/ /w/ /ks/ /y/ /z/ /kw/ /ch/ /sh/ /th/

/s/
/a/
/t/
/p/
/i/
/n/
/m/
/d/
/g/
/o/
/k/
/e/
/u/
/r/
/h/
/b/
/f/
/l/
/j/
/v/
/w/
/ks/
/y/
/z/
/kw/
/ch/
/sh/
/th/

exact exactly

exaggerate exaggerates, exaggerating, exaggerated

excellent

excited excitedly

excuse excuses

exercise exercises

expect expects, expecting, expected

expensive

explain explains, explaining, explained

explode explodes, exploding, exploded

explore explores, exploring, explored

extent

extinct

extra

extraordinary

Words with the /e/ sound in the middle or at the end:

-ea

bread	instead	spread
dread	jealous	steady
feather	meadow	thread
head	ready	weather

Note these words with 'ea' in the middle.

/u/

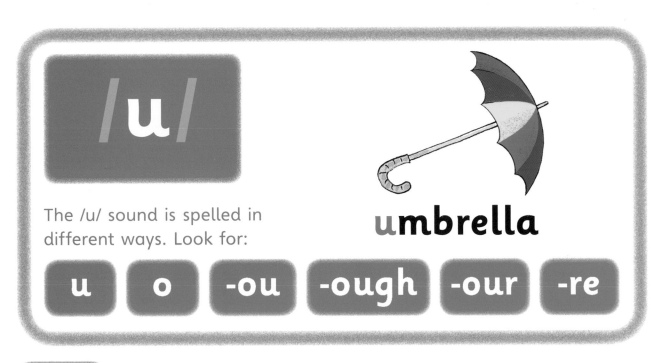

The /u/ sound is spelled in different ways. Look for:

u **o** **-ou** **-ough** **-our** **-re**

umbrella

u

ugly uglier, ugliest

umbrella umbrellas

uncle uncles

understand understands, understanding, understood

undress undresses, undressing, undressed

up

upset

o

onion

other

Words with the /u/ sound in the middle or at the end:

-ou	-ough	-our	-re
enormous	borough	colour	centimetre
enough	thorough	favour	centre
touch		flavour	metre
tough		humour	theatre

/s/
/a/
/t/
/p/
/i/
/n/
/m/
/d/
/g/
/o/
/k/
/e/
/u/
/r/
/h/
/b/
/f/
/l/
/j/
/v/
/w/
/ks/
/y/
/z/
/kw/
/ch/
/sh/
/th/

/s/
/a/
/t/
/p/
/i/
/n/
/m/
/d/
/g/
/o/
/k/
/e/
/u/
/r/
/h/
/b/
/f/
/l/
/j/
/v/
/w/
/ks/
/y/
/z/
/kw/
/ch/
/sh/
/th/

/r/

The /r/ sound is spelled in different ways. Look for:

r **rh** **wr** **-rr**

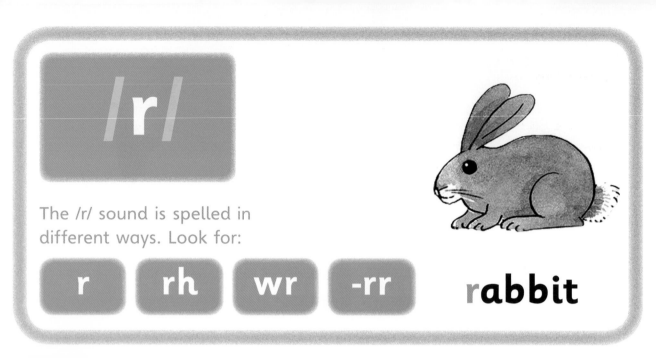

rabbit

r

rabbit rabbits

race races

radiator radiators

radio radios

railway railways

rain

rainbow rainbows

rare rarer, rarest

rat rats

raw

reach reaches, reaching, reached

read reads, reading, read

ready

real

record records, recording, recorded

recorder recorders

reflection reflections

remember remembers, remembering, remembered

remind reminds, reminding, reminded

remove removes, removing, removed

repair repairs, repairing, repaired

reply replies, replying, replied

rescue rescues, rescuing, rescued

rest rests, resting, rested

return returns, returning, returned

reward rewards

ribbon ribbons

rice

rich richer, richest

riddle riddles

ride rides, riding, rode, ridden

right

ring rings, ringing, rang, rung

rise rises, rising, rose, risen

river rivers

road roads

roar roars, roaring, roared

robot robots

rock rocks, rocking, rocked

rocket rockets

roll rolls, rolling, rolled

roof roofs

room rooms

root roots

rope ropes

rose roses

rough rougher, roughest

round rounder, roundest

row rows, rowing, rowed

rub rubs, rubbing, rubbed

rubber rubbers

rubbish

rude ruder, rudest

rule rules, ruling, ruled

/s/ /a/ /t/ /p/ /i/ /n/ /m/ /d/ /g/ /o/ /k/ /e/ /u/ /r/ /h/ /b/ /f/ /l/ /j/ /v/ /w/ /ks/ /y/ /z/ /kw/ /ch/ /sh/ /th/

/s/
/a/
/t/
/p/
/i/
/n/
/m/
/d/
/g/
/o/
/k/
/e/
/u/
/r/
/h/
/b/
/f/
/l/
/j/
/v/
/w/
/ks/
/y/
/z/
/kw/
/ch/
/sh/
/th/

ruler rulers

run runs, running, ran

rh

rhinoceros rhinoceroses

rhombus

rhubarb

rhyme rhymes, rhyming, rhymed

rhythm

wr

wrap wraps, wrapping, wrapped

wriggle wriggles, wriggling, wriggled

wrinkle wrinkles, wrinkling, wrinkled

wrist wrists

write writes, writing, wrote, written

wrong

Words with the /r/ sound in the middle or at the end:

-rr

arrow	marry
carry	parrot
hurry	sorry
lorry	tomorrow

'rr' follows single letter short vowel sounds.

40

/h/

The /h/ sound is spelled in different ways. Look for:

h **wh**

hat

/s/
/a/
/t/
/p/
/i/
/n/
/m/
/d/
/g/
/o/
/k/
/e/
/u/
/r/
/h/
/b/
/f/
/l/
/j/
/v/
/w/
/ks/
/y/
/z/
/kw/
/ch/
/sh/
/th/

h

had

hair

half halves

hand hands

handle handles

hang hangs, hanging, hung

happy happier, happiest

hard harder, hardest

hat hats

hate hates, hating, hated

have has, having, had

hay

head heads

healthy healthier, healthiest

hear hears, hearing, heard

heart hearts

heavy heavier, heaviest

hedge hedges

helicopter helicopters

help helps, helping, helped

41

/s/
/a/
/t/
/p/
/i/
/n/
/m/
/d/
/g/
/o/
/k/
/e/
/u/
/r/
/h/
/b/
/f/
/l/
/j/
/v/
/w/
/ks/
/y/
/z/
/kw/
/ch/
/sh/
/th/

hen hens

hide hides, hiding, hid, hidden

high higher, highest

hill hills

him

his

history

hit hits, hitting, hit

hold holds, holding, held

hole holes

holiday holidays

hollow

home homes

honey

hoof hoofs or hooves

hop hops, hopping, hopped

hope hopes, hoping, hoped

horn horns

horse horses

hospital hospitals

hot hotter, hottest

house houses

hug hugs, hugging, hugged

huge hugely

human humans

hungry hungrier, hungriest

hunt hunts, hunting, hunted

hurry hurries, hurrying, hurried

hurt hurts, hurting, hurt

hutch hutches

wh

who

whole

whom

whose

42

/b/

The /b/ sound is spelled in different ways. Look for:

b **bu** **-bb**

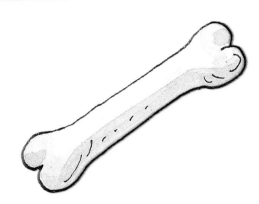

bone

 b

baby babies

back backs

bad

bag bags

bake bakes, baking, baked

balance balances, balancing, balanced

ball balls

balloon balloons

banana bananas

band bands

bank banks

bar bars

bare barer, barest

bark barks, barking, barked

basket baskets

bat bats

bath baths

bathroom bathrooms

battery batteries

beach beaches

beak beaks

bear bears

beard beards

43

/s/
/a/
/t/
/p/
/i/
/n/
/m/
/d/
/g/
/o/
/k/
/e/
/u/
/r/
/h/
/b/
/l/
/j/
/v/
/w/
/ks/
/y/
/z/
/kw/
/ch/
/sh/
/th/

/s/
/a/
/t/
/p/
/i/
/n/
/m/
/d/
/g/
/o/
/k/
/e/
/u/
/r/
/h/
/b/
/l/
/j/
/v/
/w/
/ks/
/y/
/z/
/kw/
/ch/
/sh/
/th/

beat beats, beating, beat, beaten

beautiful beautifully

bed beds

bedroom bedrooms

bee bees

beetle beetles

begin begins, beginning, began, begun

behave behaves, behaving, behaved

believe believes, believing, believed

bell bells

belong belongs, belonging, belonged

belt belts

bench benches

bend bends, bending, bent

best

better

bicycle bicycles

big bigger, biggest

bin bins

bird birds

birthday birthdays

biscuit biscuits

bit bits

bite bites, biting, bit, bitten

blanket blankets

blind

block blocks

blood

blow blows, blowing, blew, blown

blunt blunter, bluntest

boat boats

body bodies

boil boils, boiling, boiled

bone bones

bonfire bonfires

book books

boot boots

bore boring, bored

born

borrow borrows, borrowing, borrowed

bottle bottles

bottom bottoms

bounce bounces, bouncing, bounced

bow bows, bowing, bowed

bowl bowls

box boxes

brain brains

branch branches

brave braver, bravest

bread

break breaks, breaking, broke, broken

breakfast breakfasts

breath

breathe breathes, breathing, breathed

brick bricks

bridge bridges

bright brighter, brightest

bring brings, bringing, brought

brochure

broom brooms

brother brothers

brush brushes

bucket buckets

bulb bulbs

bull bulls

bump bumps

burst bursts, bursting, burst

/s/ /a/ /t/ /p/ /i/ /n/ /m/ /d/ /g/ /o/ /k/ /e/ /u/ /r/ /h/ /b/ /l/ /j/ /v/ /w/ /ks/ /y/ /z/ /kw/ /ch/ /sh/ /th/

/s/
/a/
/t/
/p/
/i/
/n/
/m/
/d/
/g/
/o/
/k/
/e/
/u/
/r/
/h/
/b/
/f/
/l/
/j/
/v/
/w/
/ks/
/y/
/z/
/kw/
/ch/
/sh/
/th/

bus buses

bush bushes

busy busier, busiest

but

butter

butterfly butterflies

button buttons

buzz buzzes, buzzing, buzzed

bu

build builds, building, built

building buildings

buoy buoys

buy buys, buying, bought

Words with the /b/ sound in the middle or at the end:

-bb

abbey   rabbit
bubble   ribbon
dribble   rubber
pebble   scribble

'bb' is usually in
the middle of words,
except 'ebb'.

46

/f/

The /f/ sound is spelled in different ways. Look for:

f   **ph**   **-ff**   **-gh**

 **f**ish

f

face *faces*

factory *factories*

fair *fairs*

fall *falls, falling, fell, fallen*

family *families*

famous

far *farther, farthest*

farm *farms*

fast *faster, fastest*

fasten *fastens, fastening, fastened*

fat *fatter, fattest*

favourite

feather *feathers*

feed *feeds, feeding, fed*

feel *feels, feeling, felt*

female *females*

fence *fences*

/s/ /a/ /t/ /p/ /i/ /n/ /m/ /d/ /g/ /o/ /k/ /e/ /u/ /r/ /h/ /b/ **/f/** /j/ /v/ /w/ /ks/ /y/ /z/ /kw/ /ch/ /sh/ /th/

/s/
/a/
/t/
/p/
/i/
/n/
/m/
/d/
/g/
/o/
/k/
/e/
/u/
/r/
/h/
/b/
/f/
/l/
/j/
/v/
/w/
/ks/
/y/
/z/
/kw/
/ch/
/sh/
/th/

few fewer, fewest

field fields

fierce fiercer, fiercest

fight fights, fighting, fought

fill fills, filling, filled

film films

fin fins

fine finer, finest

finger fingers

finish finishes, finishing, finished

fire fires

fire engine fire engines

firework fireworks

first

fish fishes, fishing, fished

fit fits, fitting, fitted

fix fixes, fixing, fixed

fizzy fizzier, fizziest

flag flags

flame flames

flash flashes

flat flatter, flattest

flavour flavours

flipper flippers

float floats, floating, floated

flock flocks

flour

flow flows, flowing, flowed

fly flies, flying, flew, flown

fog

food

football footballs

forest forests

forget forgets, forgetting, forgot, forgotten

forgive forgives, forgiving, forgave, forgiven

fox foxes

frame frames

free freer, freest

freeze freezes, freezing, froze, frozen

fresh fresher, freshest

fridge fridges

friend friends

frog frogs

from

front fronts

frown frowns, frowning, frowned

fry fries, frying, fried

full fuller, fullest

fun

fur

furniture

future

ph

phone phones

photo photos

phrase phrases

physical physically

 Words with the /f/ sound in the middle or at the end:

-ff	**-gh**	'ff' is common at the end of short words with short vowel sounds.
cliff	cough	
coffee	enough	
cuff	laugh	
fluffy	rough	

49

/s/ /a/ /t/ /p/ /i/ /n/ /m/ /d/ /g/ /o/ /k/ /e/ /u/ /r/ /h/ /b/ /f/ /l/ /j/ /v/ /w/ /ks/ /y/ /z/ /kw/ /ch/ /sh/ /th/

/s/
/a/
/t/
/p/
/i/
/n/
/m/
/d/
/g/
/o/
/k/
/e/
/u/
/r/
/h/
/b/
/f/
/l/
/j/
/v/
/w/
/ks/
/y/
/z/
/kw/
/ch/
/sh/
/th/

/l/

The /l/ sound is spelled in different ways. Look for:

l	-ll

/ul/	-le	-el	-al	-il

lion

l

lace laces

ladder ladders

lady ladies

ladybird ladybirds

lake lakes

lamb lambs

lamp lamps

land lands, landing, landed

lane lanes

language languages

large larger, largest

last

late later, latest

laugh laughs, laughing, laughed

law laws

lay lays, laying, laid

lazy lazier, laziest

lead leads, leading, led

leader leaders

leaf leaves

learn learns, learning, learned, learnt

leather

leave leaves, leaving, left

left

leg legs

lend lends, lending, lent

lesson lessons

let lets, letting, let

letter letters

Dear Wilf,
Please come
to my party
on Sunday.
Love,
Biff

library libraries

lick licks, licking, licked

lid lids

lift lifts, lifting, lifted

light lights, lighting, lit

like likes, liking, liked

line lines

lion lions

lip lips

liquid liquids

list lists

listen listens, listening, listened

litter

little littler, littlest

live lives, living, lived

lizard lizards

lock locks

long longer, longest

loose looser, loosest

/s/
/a/
/t/
/p/
/i/
/n/
/m/
/d/
/g/
/o/
/k/
/e/
/u/
/r/
/h/
/b/
/f/
/l/
/j/
/v/
/w/
/ks/
/y/
/z/
/kw/
/ch/
/sh/
/th/

lorry lorries

lose loses, losing, lost

lot lots

loud louder, loudest

love loves, loving, loved

low lower, lowest

lucky luckier, luckiest

lunch lunches

Words with the /l/ sound in the middle or at the end:

-ll

ballerina   pillow
bell   spell
fell   swallow
hill   tell

'll' is common at the end of short words with short vowel sounds.

Words with the /ul/ sound in the middle or at the end:

-le	-el	-al	-il
bottle	camel	animal	fossil
giggle	parcel	equal	pencil
little	towel	hospital	stencil
tickle	travel	petal	utensil

52

/j/

jug

The /j/ sound is spelled in many ways. Look for:

j **ge** **gi** **gy** **-dge** **-ge**

j

jacket jackets

jam jams

jar jars

jaw jaws

jelly jellies

jet

jewel jewels

jiggle jiggles, jiggling, jiggled

jigsaw jigsaws

job jobs

join joins, joining, joined

joke jokes

journey journeys

jug jugs

juice juices

jump jumps, jumping, jumped

jumper jumpers

jungle jungles

just

/s/ /a/ /t/ /p/ /i/ /n/ /m/ /d/ /g/ /o/ /k/ /e/ /u/ /r/ /h/ /b/ /f/ /l/ /j/ /v/ /w/ /ks/ /y/ /z/ /kw/ /ch/ /sh/ /th/

/s/
/a/
/t/
/p/
/i/
/n/
/m/
/d/
/g/
/o/
/k/
/e/
/u/
/r/
/h/
/b/
/f/
/l/
/j/
/v/
/w/
/ks/
/y/
/z/
/kw/
/ch/
/sh/
/th/

ge

gem gems

general generally

generous generously

gentle gentler, gentlest

gentleman gentlemen

gi

giant giants

gigantic

ginger

giraffe giraffes

gy

gym

gymnastics gymnast

Words with the /j/ sound in the middle or at the end:

-dge	-ge
bridge	barge
hedge	fringe
judge	lounge
sledge	orange

/j/ is spelled 'dge' or 'ge' at the end of words.

/v/

The /v/ sound is spelled in different ways. Look for:

v **-ve**

van

v

valley valleys

van vans

vase vases

vegetable vegetables

very

vest vests

vet vets

village villages

voice voices

volcano volcanoes

Words with the /v/ sound in the middle or at the end:

-ve

belie**ve**	lea**ve**
deser**ve**	li**ve**
glo**ve**	ser**ve**
ha**ve**	swer**ve**

At the end of the words, 've' is code for /v/.

/s/
/a/
/t/
/p/
/i/
/n/
/m/
/d/
/g/
/o/
/k/
/e/
/u/
/r/
/h/
/b/
/f/
/l/
/j/
/v/
/w/
/ks/
/y/
/z/
/kw/
/ch/
/sh/
/th/

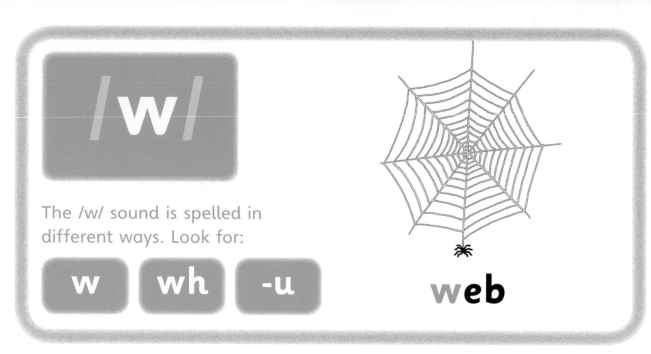

/w/

The /w/ sound is spelled in different ways. Look for:

w **wh** **-u**

web

w

wait waits, waiting, waited

wake wakes, waking, woke, woken

wall walls

want wants, wanting, wanted

wash washes, washing, washed

wasp wasps

waste wastes, wasting, wasted

watch watches, watching, watched

watch watches

wave waves, waving, waved

way ways

wear wears, wearing, wore, worn

weather

web webs

week weeks

weigh weighs, weighing, weighed

well better, best

wet wetter, wettest

wide wider, widest

wild wilder, wildest

will

win wins, winning, won

wind winds

window windows

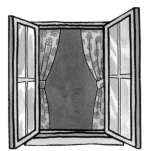

wing wings

winter winters

wire wires

wish wishes, wishing, wished

witch witches

with

wizard wizards

woman women

wood woods

wool

worry worries, worrying, worried

worse

worst

wh

whale whales

what

wheel wheels

wheelchair wheelchairs

when

whether

whisper whispers, whispering, whispered

whistle whistles, whistling, whistled

Words with the /w/ sound in the middle or at the end:

-u

penguin
persuade
suede

Note the words which are spelled with 'u'.

/s/
/a/
/t/
/p/
/i/
/n/
/m/
/d/
/g/
/o/
/k/
/e/
/u/
/r/
/h/
/b/
/f/
/l/
/j/
/v/
/w/
/ks/
/y/
/z/
/kw/
/ch/
/sh/
/th/

/s/
/a/
/t/
/p/
/i/
/n/
/m/
/d/
/g/
/o/
/k/
/e/
/u/
/r/
/h/
/b/
/f/
/l/
/j/
/v/
/w/
/ks/
/y/
/z/
/kw/
/ch/
/sh/
/th/

/ks/

The /ks/ sound is spelled in different ways. Look for:

-x **-cks** **-ks**

fox

-x

box boxes

fox foxes

mix mixes, mixing, mixed

relax relaxes, relaxing, relaxed

six

-cks

chicks

clocks

ducks

socks

tricks

-ks

barks

books

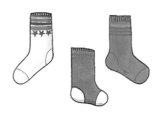

looks look, looking, looked

marks

/y/

The /y/ sound is spelled:

y

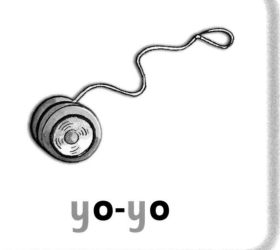

yo-yo

y

yacht yachts

yak yaks

yawn yawns, yawning, yawned

yell yells, yelling, yelled

yellow

yes

yesterday

yet

yogurt yogurts

yolk yolks

you your

young younger, youngest

yo-yo yo-yos

yuck yucky

yum yummy

/s/
/a/
/t/
/p/
/i/
/n/
/m/
/d/
/g/
/o/
/k/
/e/
/u/
/r/
/h/
/b/
/f/
/l/
/j/
/v/
/w/
/ks/
/y/
/z/
/kw/
/ch/
/sh/
/th/

/s/
/a/
/t/
/p/
/i/
/n/
/m/
/d/
/g/
/o/
/k/
/e/
/u/
/r/
/h/
/b/
/f/
/l/
/j/
/v/
/w/
/ks/
/y/
/z/
/kw/
/ch/
/sh/
/th/

/z/

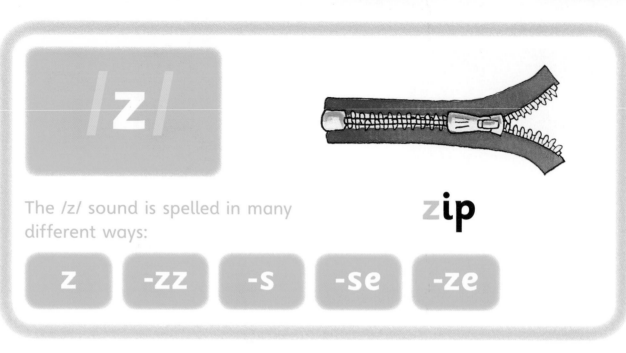

zip

The /z/ sound is spelled in many different ways:

| z | -zz | -s | -se | -ze |

z

zap

zebra zebras

zest

zip zips

zoo zoos

zoom

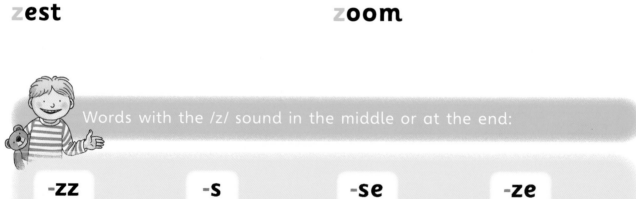

Words with the /z/ sound in the middle or at the end:

-zz	-s	-se	-ze
buzz	is	cheese	breeze
dazzle	flies	ease	freeze
fizzy	fries	please	sneeze
puzzle	peas	tease	wheeze

/kw/

The /kw/ sound is spelled:

qu

queen

qu

quack quacks, quacking,
quacked

qualification qualifications

qualify qualifies, qualifying,
qualified

quality qualities

quantity quantities

quarrel quarrels, quarrelling,
quarrelled

queen queens

quest quests

question questions

quick quicker, quickest

quiet quieter, quietest

quite

quiz quizzes

/s/
/a/
/t/
/p/
/i/
/n/
/m/
/d/
/g/
/o/
/k/
/e/
/u/
/r/
/h/
/b/
/f/
/l/
/j/
/v/
/w/
/ks/
/y/
/z/
/kw/
/ch/
/sh/
/th/

/s/
/a/
/t/
/p/
/i/
/n/
/m/
/d/
/g/
/o/
/k/
/e/
/u/
/r/
/h/
/b/
/f/
/l/
/j/
/v/
/w/
/ks/
/y/
/z/
/kw/
/ch/
/sn/
/th/

/ch/

The /ch/ sound is spelled in different ways:

ch **-tch**

/chu/ **-ture**

chick

ch

chain chains

chair chairs

chalk chalks

challenge challenges

change changes, changing, changed

chapter chapters

charge

chase chases, chasing, chased

cheap cheaper, cheapest

cheat cheats, cheating, cheated

check checks, checking, checked

cheek cheeks

cheer cheers, cheering, cheered

cheese

cherry cherries

chess

chest chests

chestnut chestnuts

chew chews, chewing, chewed

chick chicks

chicken chickens

child children

chimney chimneys

chimpanzee chimpanzees

chin chins

chip chips

chocolate chocolates

choose chooses, choosing, chose, chosen

chop chops, chopping, chopped

Words with the /ch/ sound in the middle or at the end:

-tch	**-ch**
clutch	much
hatch	rich
pitch	such
stitch	touch

'tch' follows single letter short vowel sounds.

Words with the /chu/ sound in the middle or at the end:

-ture

adventure
future
mixture
picture

Note the small difference in the sound at the end of these words.

/s/ /a/ /t/ /p/ /i/ /n/ /m/ /d/ /g/ /o/ /k/ /e/ /u/ /r/ /h/ /b/ /f/ /l/ /j/ /v/ /w/ /ks/ /y/ /z/ /kw/ /ch/ /sh/ /th/

/s/
/a/
/t/
/p/
/i/
/n/
/m/
/d/
/g/
/o/
/k/
/e/
/u/
/r/
/h/
/b/
/f/
/l/
/j/
/v/
/w/
/ks/
/y/
/z/
/kw/
/ch/
/sh/
/th/

/sh/

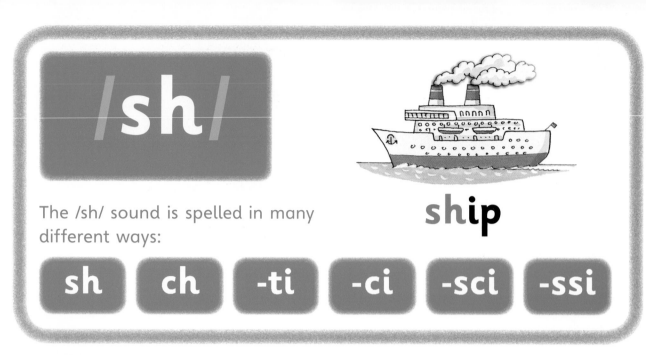

ship

The /sh/ sound is spelled in many different ways:

sh **ch** **-ti** **-ci** **-sci** **-ssi**

sh

shadow shadows

shake shakes, shaking, shook, shaken

shallow shallower, shallowest

shape shapes

share shares, sharing, shared

shark sharks

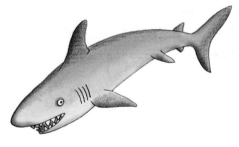

sharp sharper, sharpest

shave shaves, shaving, shaved

shed sheds

sheep sheep

sheet sheets

shelf shelves

shell shells

shine shines, shining, shone

ship ships

shirt shirts

shiver shivers, shivering, shivered

shoe shoes

shop shops

short shorter, shortest

shorts

shoulder shoulders

shout shouts, shouting, shouted

show shows, showing, showed, shown

shower showers

shut shuts, shutting, shut

shy shyer, shyest

ch

chalet chalets

chandelier

chauffeur

chef

chiffon

chute

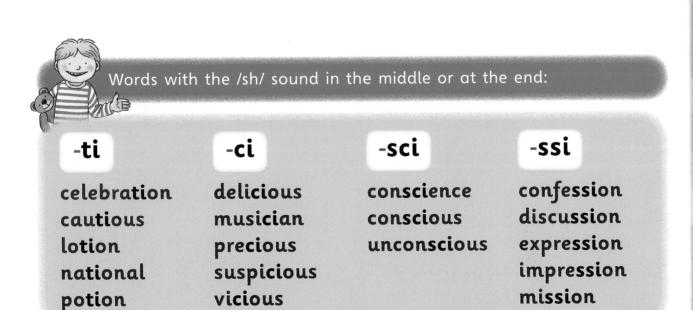

Words with the /sh/ sound in the middle or at the end:

-ti	**-ci**	**-sci**	**-ssi**
celebration	delicious	conscience	confession
cautious	musician	conscious	discussion
lotion	precious	unconscious	expression
national	suspicious		impression
potion	vicious		mission

/s/ /a/ /t/ /p/ /i/ /n/ /m/ /d/ /g/ /o/ /k/ /e/ /u/ /r/ /h/ /b/ /f/ /l/ /j/ /v/ /w/ /ks/ /y/ /z/ /kw/ /ch/ /sh/ /th/

/s/
/a/
/t/
/p/
/i/
/n/
/m/
/d/
/g/
/o/
/k/
/e/
/u/
/r/
/h/
/b/
/f/
/l/
/j/
/v/
/w/
/ks/
/y/
/z/
/kw/
/ch/
/sh/
/th/

/th/ voiced /th/ unvoiced

The /th/ sound is spelled:

th

this thumb

th

that
the
their
them
themselves
then

there
therefore
these
they
they're
this
those
though

Words with the /th/ sound in the middle or at the end:

-th

brother   rather
father   smooth
mother   with
other   wither

Voiced /th/ is made with a throat-sound!

th

thank thanks, thanking, thanked

theatre theatres

thick thicker, thickest

thief thieves

thin thinner, thinnest

thing things

think thinks, thinking, thought

third

thirsty thirstier, thirstiest

thistle

thorn thorns

thought

thread threads

three

throat throats

through

throw throws, throwing, threw, thrown

thumb thumbs

thunder

Words with the /th/ sound in the middle or at the end:

-th

bathroom	moth
both	north
breath	south
mathematics	tooth

Unvoiced /th/ has no throat-sound!

/s/
/a/
/t/
/p/
/i/
/n/
/m/
/d/
/g/
/o/
/k/
/e/
/u/
/r/
/h/
/b/
/f/
/l/
/j/
/v/
/w/
/ks/
/y/
/z/
/kw/
/ch/
/sh/
/th/

/ng/

The /ng/ sound is spelled:

-ng

ring

-ng

king kings

length

sing sings, singing, sang, sung

strength

string strings, stringing, strung

strong stronger, strongest

thing things

wing wings

/ngk/

The /ngk/ sound is spelled:

-nk

ink

-nk

blink blinks, blinking, blinked

drink drinks, drinking, drank, drunk

sink sinks, sinking, sank, sunk

shrink shrinks, shrinking, shrank, shrunk

think thinks, thinking, thought

/zh/

The /zh/ sound is spelled in different ways:

-s **-ge** **-si**

treasure

-s

leisure

measure measures, measuring, measured

pleasure pleasures

treasure treasures

-ge

beige

collage collages

montage

-si

confusion

decision decisions

division

illusion illusions

invasion invasions

television televisions

vision visions

/ee/

/igh/

/oa/

short /oo/

long /oo/

/yoo/

/ar/

/or/

/ur/

/ou/

/oi/

/eer/

/air/

/yoor/

/ai/

The /ai/ sound is spelled in many ways:

 ai
 -ay   a   a-e
-ae   -ey   eigh   -ea

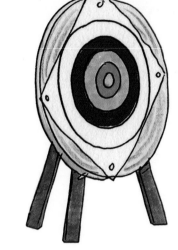

aim

ai

aim aims, aiming, aimed

nail nails

rain rains, raining, rained

snail snails

tail tails

train trains

wait waits, waiting, waited

-ay

birthday birthdays

clay

crayon crayons

play plays, playing, played

say says, saying, said

stay stays, staying, stayed

tray trays

a

acorn acorns

angel angels

apricot apricots

apron aprons

a-e

ac**e** aces

cak**e** cakes

nam**e** names, naming, named

mak**e** makes, making, made

plac**e** places, placing, placed

-ae

sundae sundaes

-ey

grey greyish, greyness

prey preys, preying, preyed

survey surveys, surveying, surveyed

they

eigh

eight

-ea

brea**k** breaks, breaking, broke, broken

grea**t** greater, greatest

stea**k** steaks

/ai/

/ee/

/igh/

/oa/

short /oo/

long /oo/

/yoo/

/ar/

/or/

/ur/

/ou/

/oi/

/eer/

/air/

/yoor/

/ai/
/ee/
/igh/
/oa/
short /oo/
long /oo/
/yoo/
/ar/
/or/
/ur/
/ou/
/oi/
/eer/
/air/
/yoor/

/ee/

The /ee/ sound is spelled in many different ways:

 ee   -y   ea   -e

e-e   -ey   -ie   -ine

eel

ee

bee bees

eel eels

green greenish

meet meets, meeting, met

see sees, seeing, saw

sheet sheets

tree trees

-y

funny funnier, funniest

happy happier, happiest

sunny sunnier, sunniest

ea

beach beaches

dream dreams

eat eats, eating, ate, eaten

sea seas

season seasons

speak speaks, speaking, spoke, spoken

-e

be being

he

me

she

we

e-e

athlete athletes

compete competes, competing, competed

scene scenes

theme themes

-ey

donkey donkeys

key keys

money

trolley trolleys

-ie

belief beliefs, believing, believed

brief briefs, briefing, briefed

shield shields, shielding, shielded

thief thieves, thieving, thieved

-ine

sardine sardines

/ai/

/ee/

/igh/

/oa/

short /oo/

long /oo/

/yoo/

/ar/

/or/

/ur/

/ou/

/oi/

/eer/

/air/

/yoor/

/ai/
/ee/
/igh/
/oa/
short /oo/
long /oo/
/yoo/
/ar/
/or/
/ur/
/ou/
/oi/
/eer/
/air/
/yoor/

/igh/

The /igh/ sound is spelled in many different ways:

-igh **-y** **-ie** **i** **i-e**

knight

-igh

bright brighter, brightest

fight fights, fighting, fought

flight flights

fright frighten, frightened

high higher, highest

knight knights

light lighter, lightest

lightening

might

night nights

sigh sighs, sighing, sighed

tight tighter, tightest

-y

by

cry cries, crying, cried

dry drier, driest

fly flies, flying, flew, flown

my

shy shyer, shyest

sky skies

try tries, trying, tried

why

-ie

cried cry, cries, crying

lie lies, lying, lay, lain

pie pies

tie ties, tying, tied

tried try, tries, trying

i

I I'm

behind

child children

find finds, finding, found

mild milder, mildest

mind minds, minding, minded

minus

rewind rewinds, rewinding, rewound

wild

wild wilder, wildest

i-e

ice icier, iciest

drive drives, driving, drove, driven

mile miles

mime mimes, miming, mimed

mine

pile piles

ride rides, riding, rode, ridden

smile smiles, smiling, smiled

tide tides

time times, timing, timed

twice

while

white whiter, whitest

/ai/

/ee/

/igh/

/oa/

short /oo/

long /oo/

/yoo/

/ar/

/or/

/ur/

/ou/

/oi/

/eer/

/air/

/yoor/

/ai/
/ee/
/igh/
/oa/
short /oo/
long /oo/
/yoo/
/ar/
/or/
/ur/
/ou/
/oi/
/eer/
/air/
/yoor/

/oa/

The /oa/ sound is spelled in many different ways:

oa **ow** **o** **o-e**

-ough **-oe** **-eau**

goat

oa

boat boats

croak croaks, croaking, croaked

goat goats

oak oaks

road roads

toad toads

ow

bow bows, bowing, bowed

blow blows, blowing, blew, blown

follow follows, following, followed

own

snow snows, snowing, snowed

throw throws, throwing, threw, thrown

76

o

fold folds, folding, folded

go goes, going, went, gone

gold golden

no

old older, oldest

open opens, opening, opened

so

o-e

hope hopes, hoping, hoped

nose

rope ropes

rose roses

wrote write, writes, writing, written

-ough

although

dough

-oe

hoe hoes

toe toes

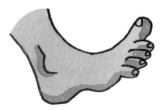

-eau

beau beaus

gateau gateaux

plateau plateaus

/ai/
/ee/
/igh/
/oa/
short /oo/
long /oo/
/yoo/
/ar/
/or/
/ur/
/ou/
/oi/
/eer/
/air/
/yoor/

/ai/
/ee/
/igh/
/oa/
short /oo/
long /oo/
/yoo/
/ar/
/or/
/ur/
/ou/
/oi/
/eer/
/air/
/yoor/

short /oo/

The short /oo/ sound is spelled in different ways:

-oo   **-oul**   **-u**

cook

-oo-

book books

cook cooks, cooking, cooked

foot feet

look looks, looking, looked

rook rooks

shook shake, shakes, shaking

took take, takes, taking

-oul

could can

should shall

would will

-u

pull pulls, pulling, pulled

push pushes, pushing, pushed

put puts, putting, put

The long /oo/ sound is spelled in different ways:

| oo | -ue | -ew | -o | -ou |
| -ough | u-e | -ui | -u |

sp**oo**n

/ai/

/ee/

/igh/

/oa/

short /oo/

long oo

/yoo/

/ar/

/or/

/ur/

/ou/

/oi/

/eer/

/air/

/yoor/

oo

broo**m** brooms

roo**f** roofs

roo**m** rooms

spoo**n** spoons

too

zoo zoos

-ue

blue blueness

clue clues

glue glues, gluing, glued

true

-ew

chew chews, chewing, chewed

crew crews

screw screws, screwing, screwed

threw throw, throws, throwing, thrown

79

/ai/
/ee/
/igh/
/oa/
short
/oo/
long
/oo/
/yoo/
/ar/
/or/
/ur/
/ou/
/oi/
/eer/
/air/
/yoor/

-o

move moves, moving, moved

to

who

-ou

grou**p** groups, grouping, grouped

s**ou**p soups

you your

-ough

through

u-e

flu**te** flutes

inclu**de** includes, including, included

parachu**te** parachutes

pollu**te** pollutes, polluting, polluted

pru**ne** prunes, pruning, pruned

ru**le** rules, ruling, ruled

-ui

brui**se** bruises

frui**t** fruits

jui**ce** juices

-u

su**per**

/yoo/

The /yoo/ sound is spelled in many different ways:

-ue **ew** **u**

u-e **eu**

rescue

/ai/
/ee/
/igh/
/oa/
short /oo/
long /oo/
yoo
/ar/
/or/
/ur/
/ou/
/oi/
/eer/
/air/
/yoor/

-ue

argue argues, arguing, argued

barbecue barbecues

mue**sli**

rescue rescues, rescuing, rescued

statue statues

Tue**sday**

value values

ew

ewe ewes

few fewer, fewest

knew know, knows, knowing, known

new newer, newest

new**spaper** newspapers

newt newts

/ai/
/ee/
/igh/
/oa/
short
/oo/
long
/oo/
yoo
/ar/
/or/
/ur/
/ou/
/oi/
/eer/
/air/
/yoor/

phew

stew stews, stewing, stewed

u

m**u**sic

t**u**na

uniform uniforms

unit units

usual usually

utensil utensils

u-e

am**u**se amuses, amusing,
amused

conf**u**se confuses, confusing,
confused

c**u**be cubes

c**u**te

h**u**ge

t**u**be tubes

t**u**ne tunes

use using, used

eu

d**eu**ce

f**eu**d feuds

n**eu**tral

/ar/

The /ar/ sound is spelled in different ways:

ar   **-a**   **-al**

arm

ar

arm arms

car cars

farm farms

garden gardens

market markets

park parks, parking, parked

scarf scarves

star stars

-a

cinem**a** cinemas

dr**a**ma dramas

father fathers

rather

-al

c**al**f calves

c**al**m calmer, calmest

h**al**f halves

p**al**m palms

/ai/
/ee/
/igh/
/oa/
short /oo/
long /oo/
/yoo/

/ar/
/or/
/ur/
/ou/
/oi/
/eer/
/air/
/yoor/

/ai/
/ee/
/igh/
/oa/
short /oo/
long /oo/
/yoo/
/ar/

/or/

for**k**

The /or/ sound is spelled in many different ways:

or	aw	-our	au	al

oar	-oor	ore	-augh

ough	war	quar	-a

/or/
/ur/
/ou/
/oi/
/eer/
/air/
/yoor/

or

bor**n**

for

for**k** forks

hor**se** horses

shor**t** shorter, shortest

spor**t** sports

aw

awful awfully

claw claws, clawing, clawed

draw draws, drawing, drew, drawn

haw**k** hawks

law**n** lawns

saw saws

straw straws

yawn yawns, yawning, yawned

-our

four

pour pours, pouring, poured

tour tours, touring, toured

your

au

auction auctions, auctioning, auctioned

autumn

astronaut astronauts

laundry

saucer saucers

al

all

talk talks, talking, talked

walk walks, walking, walked

oar

aboard

board boards, boarding, boarded

coarse coarser, coarsest

hoard hoards, hoarding, hoarded

oar oars

roar roars, roaring, roared

soar soars, soaring, soared

-oor

door doors

floor floors

moor moors

poor poorer, poorest

/ai/

/ee/

/igh/

/oa/

short /oo/

long /oo/

/yoo/

/ar/

/or/

/ur/

/ou/

/oi/

/eer/

/air/

/yoor/

/ai/
/ee/
/igh/
/oa/
short /oo/
long /oo/
/yoo/
/ar/
/or/
/ur/
/ou/
/oi/
/eer/
/air/
/yoor/

ore

more most

sore sorer, sorest

store stores, storing, stored

tore tear, tears, tearing, torn

-augh

caugh**t** catch, catches, catching

daug**ht**er daughters

naug**ht**y naughtier, naughtiest

taug**ht** teach, teaches, teaching

ough

boug**ht** buy, buys, buying

broug**ht** bring, brings, bringing

ough**t**

thoug**ht** think, thinks, thinking

w ar

wardrobe wardrobes

warm warmer, warmest

warn warns, warning, warned

qu ar

quar**ter** quarters

-a

water waters, watering, watered

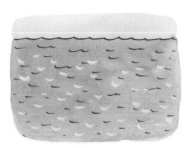

/ur/

The /ur/ sound is spelled in different ways:

ur   **-er**   **-ir**
ear   **wor**

pur**se**

ur

bur**n** burns, burning, burnt, burned

cur**l** curls, curling, curled

nur**se** nurses, nursing, nursed

pur**se** purses

tur**n** turns, turning, turned

urn urns

-er

fer**n** ferns

her

her**b** herbs

ker**b** kerbs

per**fect** perfectly

ster**n**

/ai/
/ee/
/igh/
/oa/
short /oo/
long /oo/
/yoo/
/ar/
/or/
ur
/ou/
/oi/
/eer/
/air/
/yoor/

/ai/

/ee/

/igh/

/oa/

short
/oo/

long
/oo/

/yoo/

/ar/

/or/

/ur/

/ou/

/oi/

/eer/

/air/

/yoor/

-ir

bird birds

birthday birthdays

first

girl girls

shirt shirts

skirt skirts

stir stirs, stirring, stirred

thirsty

twirl twirls, twirling, twirled

ear

early earlier, earliest

earn earns, earning, earned

earth

heard hear, hears, hearing

learn learns, learning, learned, learnt

pearl pearls

search searches, searching, searched

wor

word words

work works, working, worked

world worlds

worm worms

worse

worst

worth

/ou/

The /ou/ sound is spelled in different ways:

ow **ou** **-ough**

o**w**l

/ai/

/ee/

/igh/

/oa/

short /oo/

long /oo/

/yoo/

/ar/

/or/

/ur/

/ou/

/oi/

/eer/

/air/

/yoor/

ow

clown clowns

cow cows

down

flower flowers

frown frowns

owl owls

power powers, powering, powered

town towns

ou

about

found find, finds, finding

ground grind, grinds, grinding

house houses

mouse mice

mouth mouths

out

-ough

plough ploughs, ploughing, ploughed

/ai/

/ee/

/igh/

/oa/

short
/oo/

long
/oo/

/yoo/

/ar/

/or/

/ur/

/ou/

/oi/

/eer/

/air/

/yoor/

/oi/

The /oi/ sound is spelled in different ways:

oi **oy**

oil

oi

coin coins

foil

join joins, joining, joined

oil oils, oiling, oiled

point points, pointing, pointed

soil

spoil spoils, spoiling, spoilt, spoiled

oy

annoy annoys, annoying, annoyed

boy boys

destroy destroys, destroying, destroyed

enjoy enjoys, enjoying, enjoyed

oyster oysters

royal

toy toys

/eer/

The /eer/ sound is spelled in different ways:

ear **eer** **-ere** **-ier**

deer

ear

ear ears

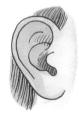

dear

hear hears, hearing, heard

rear

year years

eer

cheer cheers, cheering, cheered

deer deer

eer**ie** eerier, eeriest

peer peers, peering, peered

steer steers, steering, steered

-ere

here

severe

sphere spheres

-ier

pier piers

skier skiers

tier tiers

/ai/
/ee/
/igh/
/oa/
short /oo/
long /oo/
/yoo/
/ar/
/or/
/ur/
/ou/
/oi/
eer
/air/
/yoor/

/ai/

/ee/

/igh/

/oa/

short
/oo/

long
/oo/

/yoo/

/ar/

/or/

/ur/

/ou/

/oi/

/eer/

/air/

/yoor/

/air/

The /air/ sound is spelled in different ways:

air   -are   -ear   -ere

hair

air

chair chairs

fairy fairies

hair hairs

pair pairs, pairing, paired

stair stairs

-are

aware

care cares, caring, cared

scarecrow scarecrows

share shares, sharing, shared

spare spares

square squares

stare stares, staring, stared

-ear

bear bears

pear pears

tear tears, tearing, tore, torn

wear wears, wearing, wore, worn

there

where

/**yoor**/

The /yoor/ sound is spelled this way:

-ure

pure

-ure

cure cures

immature

impure

insecure

manure manures

mature

obscure

pure

secure

/ai/

/ee/

/igh/

/oa/

short /oo/

long /oo/

/yoo/

/ar/

/or/

/ur/

/ou/

/oi/

/eer/

/air/

/yoor/

Common and tricky words

These words are common, but may be hard to read.

I

no
so
go
oh no!

people
Mr
Mrs
Miss

could
should
would

was
because

of
off

to
do
into

her
here
were

are
our

father
mother
brother
sister

the
they
their
there

to
too

January
February
March
April
May
June
July
August
September
October
November
December

goes
does
shoes

Monday
Tuesday
Wednesday
Thursday
Friday
Saturday
Sunday

my
try
cry
sky

said
again

all
ball
small

call called
ask asked
look looked
like liked

one
two
three
four
five
six
seven
eight
nine
ten
twenty
thirty
forty
fifty
sixty
seventy
eighty
ninety
hundred

you
your
out
about

me
we
he
she
be

when
who
where
why
what
which

above
come
love
some

OXFORD
UNIVERSITY PRESS

Great Clarendon Street, Oxford, OX2 6DP,
United Kingdom

Oxford University Press is a department of the University of Oxford.
It furthers the University's objective of excellence in research, scholarship,
and education by publishing worldwide. Oxford is a registered trade mark of
Oxford University Press in the UK and in certain other countries

British Library Cataloguing in Publication Data
Data available

978-0-19-273545-4

3 5 7 9 10 8 6 4

Paper used in the production of this book is a natural, recyclable product
made from wood grown in sustainable forests. The manufacturing process conforms
to the environmental regulations of the country of origin.

Printed by Vivar Printing Sdn Bhd, Malaysia

Visit **www.oxforddictionaries.com/schools** for a full alphabetical index
of all the words with audio and free downloadable activities.

INSPIRATIONAL SUPPORT FOR TEACHERS
For free professional development
videos from leading experts, plus other
resources and free eBooks, please go to
www.oxfordprimary.co.uk

HELPING YOU ENGAGE PARENTS
We have researched the most common concerns
and worries parents have about their children's
literacy and provide answers and support in
www.oxfordowl.co.uk
This site contains advice on how to share
a book, how to pronounce pure sounds,
how to encourage boys' reading, and much
more. We hope you will find the site
useful and recommend it to your parents.